Alex. LALOT

VICTOR HUGO

PAU

MDCCCLXXXVIII

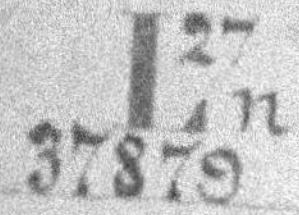

VICTOR HUGO

Alex. LALOT

VICTOR HUGO

PAU

MDCCCLXXXVIII

VICTOR HUGO

Mort, qu'est devenu ton glaive? O
Sépulcre, montre-nous ta victoire !
— ainsi que dit l'écrivain sacré.
Victor Hugo vient de s'éteindre, et
au moment où il rendait le dernier
soupir, il était ressuscité, plus vivant et plus glorieux
que jamais.

Il n'y eut point dans l'histoire un aussi grand, un
aussi magnifique exemple de la puissance souveraine
de la pensée et de l'esprit, et de la fragilité de tout le
reste. Il règne en ce monde trois ordres de grandeur ;

Pascal en a établi quelque part la hiérarchie : les César,
les Alexandre et les Napoléon eurent la grandeur
brutale de la force matérielle ; mais qu'est cette grandeur à côté de la grandeur intellectuelle incarnée dans
Platon, dans Voltaire, dans Descartes ? Les grands
capitaines ont, aux heures sanglantes de l'histoire,
rempli du bruit de leur nom le monde épouvanté.
Mais qu'est-il resté de leurs exploits ? de la fumée,
beaucoup de ruines et des peuples de mères en deuil
— *bella matribus detestata !* — tandis que les penseurs
travaillaient à l'éducation du genre humain, affran-
chissaient les consciences et les esprits, combattaient
pour le triomphe de la raison, de la liberté et de la
justice : l'œuvre de la vie planant au-dessus de l'œuvre de la destruction et de la mort.

Si, pourtant, la grandeur intellectuelle laisse bien
loin derrière le prestige violent et factice des héros de
la force brutale, elle n'est pas le dernier des sommets :
au-dessus d'elle encore règne la grandeur morale.
Qui oserait comparer, au point de vue absolu, le
plus grand métaphysicien à Aristide ? — Devant la
noble et radieuse figure qui retient en ce moment nos
regards respectueux et charmés, nous n'avons point
à établir un tel rapprochement : Victor Hugo est infiniment grand par la pensée, mais il est infiniment

grand par la conscience et par le cœur ; et c'est préci-
sément parce qu'il réunit en lui, dans une harmonie
auguste et magnifique, toutes les plus hautes qualités
de l'âme et de l'esprit, que ce génie éblouissant s'est
imposé si puisamment à l'admiration du monde, que
tous les fronts se sont inclinés respectueusement devant lui, et qu'après avoir vécu plus d'un demi-siècle
dans une perpétuelle apothéose, il descend aujourd'hui
dans la tombe accompagné des larmes de tout l'univers civilisé.

Oh ! combien, à côté d'une telle gloire, paraissent
infirmes, vaines et ridicules les grandeurs factices que
les imperfections de notre civilisation laissent encore
subsister autour de nous ! Quel souverain, si lourd
que soit son sceptre et si éclatante que soit sa
couronne, a jamais reçu les honneurs et les hommages
magnifiques qui depuis longtemps entourent Victor
Hugo ?

Mon dessein, on le pense bien, n'est point d'analyser
ici l'œuvre de Victor Hugo. Ce serait une tâche trop
longue. Pour ceux qui connaissent notre poète immortel, ce serait, d'ailleurs, inutile en ce moment —
et pour ceux qui l'ignorent, plus inutile encore. Je
voudrais simplement marquer quelques traits essen-
tiels de son génie et donner mes impressions person-

nellés sur son rôle d'ouvrier civilisateur dans notre siècle.

Beaucoup d'esprits, non dépourvus de culture, ont fait à Victor Hugo un grief de ne pas s'être tenu renfermé dans le domaine de la psychologie individuelle, de s'être de toutes parts répandu au dehors, d'avoir alimenté son inspiration aux sources prétendues impures de la politique et des questions sociales. Ils eussent préféré qu'il s'absorbât dans sa personnalité, à la façon de Musset ou de Lamartine, qu'il se bornât apparemment à nous traduire, en ses vers merveilleux, ses joies et ses douleurs propres. Oh ! quelle aberration étrange ! Vouloir enfermer un Victor Hugo dans la poésie de la *consomption !* lui que la nature féconde et généreuse avait créé pour embrasser, dans les étreintes fraternelles de son génie, non-seulement sa patrie, mais toute l'humanité ! Certes, si l'on prétendait prendre pour l'idéal du poète celui qui ne cherche l'humanité qu'en lui-même et vit en colloque intime et exclusif avec sa muse, il y en aurait de plus grands et de plus parfaits que Victor Hugo. Lisez le *Lac* de Lamartine, le *Souvenir* d'Alfred de Musset, et rapprochez-les de la *Tristesse d'Olympio* de Victor Hugo. Le thème est le même : chant de douleur consacré à l'objet aimé emporté par la mort. Le chant de Lamartine vous paraîtra plus personnel que celui de Victor Hugo — bien qu'un peu délayé dans une philosophie vague — mais celui de Musset vous paraîtra pathétique et déchirant à côté des deux autres. Cela prouve seulement que le poète qui se concentre systématiquement en lui-même, pour ne vivre que de ses propres impressions, aboutit à des accents plus personnels : cela ne prouve pas que le rôle du poète soit de s'enfermer dans le subjectivisme, de ne s'abreuver que de ses propres larmes et d'ignorer ses semblables et l'univers. Non, certes : toute autre est sa mission. Le plus grand poète dramatique de la Grèce, Eschyle, voulut qu'on gravât sur son tombeau ces simples mots : IL COMBATTIT A MARATHON. Le poète, le voilà. Sa mission, c'est d'être un combattant ; son œuvre, c'est de travailler au progrès social, de défendre la vérité, la justice, la liberté, partout où elles sont menacées, de ranimer les courages, de relever les cœurs : en un mot, suivant le milieu où il se trouve, de poursuivre l'idéal au profit de tous. Hors de là, la poésie n'est que vain bruit et exercice de rhéteur.

Victor Hugo eut un sentiment profond de ce rôle sublime, aussitôt que s'éveilla en lui l'inspiration d'où devait sortir son œuvre immortelle. Dès ses premières œuvres — alors qu'il n'avait pas vingt ans — vous ne trouvez chez lui nulle préoccupation personnelle. Il se sent appelé à travailler pour l'humanité, pour la civilisation. Il a subi les fluctuations de tendances et d'idées de la longue époque qu'il a traversée — *grande mortalis ævi spatium* : à aucune heure de son activité prodigieuse, vous ne le verrez infidèle à la mission qui lui est dévolue ; sincère, généreux, il n'a en vue que le règne de la liberté et de la justice autour de lui. Et bien loin de juger plus tard qu'il eût méconnu ou dénaturé sa mission en lui assignant ce caractère, il l'étend, il l'agrandit chaque jour, à mesure que le développement de ses facultés le met en contact plus direct avec l'humanité. Sa puissance d'affection et de sympathie s'accroît avec chacune de ses œuvres — et bientôt son âme déborde, si j'ose ainsi dire, sur le monde entier : il a des chants de fête pour toutes les joies, des consolations et des larmes pour toutes les douleurs, des indignations terribles contre toutes les iniquités. Oh ! le spectacle sublime ! Et l'on aurait voulu que Victor Hugo nous fit simplement de la psychologie personnelle ! Quand Térence, il y a deux mille ans déjà, proclamait que « rien de ce qui touche à l'humanité ne pouvait lui être étranger, » Victor Hugo aurait pu demeurer impassible ou indifférent devant les douleurs privées ou publiques de son propre temps, pour nous raconter simplement les vicissitudes de sa vie morale !

Heureusement, il n'en pouvait être ainsi. Et nous y avons gagné, non seulement l'œuvre profonde de civilisation que ce grand génie expansif a opérée dans le monde et la gloire impérissable qu'il a acquise à la France, mais encore des jouissances littéraires inexprimables qu'autrement nous n'eussions jamais connues. C'est parce que Victor Hugo a eu l'amour passionné de l'humanité qu'il a écrit les plus merveilleux de ses chefs-d'œuvre ; c'est parce que son cœur a saigné au spectacle des misères individuelles, qu'il nous a laissé tant d'œuvres pathétiques ; c'est parce qu'il avait la haine implacable de la violence, que du haut de son rocher tragique de Guernesey il a écrit les *Châtiments* ; c'est parce que les peuples opprimés lui inspirèrent une compassion profonde qu'il a un jour jeté à la face des monarchies tyranniques et meurtrières de l'Europe cet anathème immortel qui s'appelle *Ultima verba*. Que dis-je ? C'est parce que son âme a embrassé toute l'humanité, qu'il a été si sublime dans toutes les notes de son inspiration ; c'est parce qu'il a été si terrible à l'iniquité triomphante qu'il a été en même temps si doux à la faiblesse et à l'innocence, qu'il a aimé les

enfants d'une tendresse si divine et que lui seul, sans
doute, pouvait trouver, pour consoler une femme
dans la douleur, ces paroles idéales :

> Soyez comme l'oiseau, posé pour un instant
> Sur des rameaux trop frêles,
> Qui sent ployer la branche, et qui chante pourtant,
> Sachant qu'il a des ailes !

J'ai idée que l'admiration inspirée à ses contemporains par l'œuvre de Victor Hugo est encore peu de chose en comparaison de celle qu'elle inspirera aux générations futures. Mais le prestige de ce génie incomparable est déjà si grand, et si haute est la puissance d'esprit sur laquelle ce prestige repose, qu'un phénomène à ce point extraordinaire obsède véritablement l'esprit et que l'on se demande comment un géant de cette taille a pu surgir au commencement de ce siècle. Car on ne saurait le méconnaître : de même qu'à l'approche d'une ville vos regards sont frappés par une cathédrale qui domine majestueusement tous les autres édifices, pareillement, dans notre monde contemporain, Victor Hugo écrase tout par son immensité. Je crois que l'explication d'un tel phénomène est possible. Le dernier siècle a fini par des catastrophes uniques peut-être dans l'histoire du monde, et les âmes même les mieux trempées en ont été violemment ébranlées. *Sunt lacrymæ rerum*, a dit le poète ; et il est certain que toujours l'homme se sentira bouleversé à la vue de grands écroulements. C'est ce qui explique le caractère général de notre littérature du commencement de ce siècle : ce qui y domine, c'est la mélancolie et une sorte d'abattement ou de prostration morale. Vous trouverez cela chez Lamartine, chez Châteaubriand, chez Alfred de Musset, chez Sainte-Beuve lui-même, jusque chez le grand philosophe Jouffroy, — je dis grand au point de vue moral, — et même chez Gœthe et Byron, vibrant de nos propres commotions. C'est ce qui nous explique en même temps la religiosité sentimentale qui a régné dans notre littérature depuis 1815 jusque vers 1840. État maladif, dans lequel il eût été puéril et illusoire de chercher la foi. Il est notoire que ni Lamartine ni Châteaubriand, — je ne parle que des deux principaux, — ne portaient la religion en eux que comme l'écho attardé d'une harmonie disparue, qu'ils n'y cherchaient qu'une diversion au vide dont ils se sentaient envahis. En un mot, lorsque, sur les ruines de l'ancienne société, et à la suite des luttes et des bouleversements tragiques qui ont constitué la transition, la société nouvelle est apparue, la génération contemporaine n'a eu ni le sang-froid ni la force morale nécessaires pour saisir l'avenir, en comprendre, dans toute leur étendue, les grandes nécessités morales et les devoirs qu'elles impliquaient. Victor Hugo est demeuré debout, au milieu de l'affaissement universel. Et c'est, parce que, en dépit des formules diverses auxquelles il a pu souscrire, il n'a jamais perdu sa sérénité d'esprit ni sa force morale, qu'il a pu traduire, comme nul autre n'eût pu le faire, les aspirations, les besoins de la société nouvelle. On a dit souvent qu'il résumait et personnifiait ce siècle : c'est ainsi qu'en effet il le résume et le personnifie — qu'il en est l'incarnation vivante.

Pau, 24 Mai 1885.

Alexandre LALOT

Imprimerie Aréas
14, rue Taylor
PAU

www.ingramcontent.com/pod-product-compliance
Lightning Source LLC
LaVergne TN
LVHW021501060726
842527LV00006B/2373